___ / ___ / ___

___ / ___ / ___

___ / ___ / ___

___ / ___ / ___

___ / ___ / ___

__ / __ / __

__ /__ /__

___ /___ /___

___/___/___

__ / __ / __

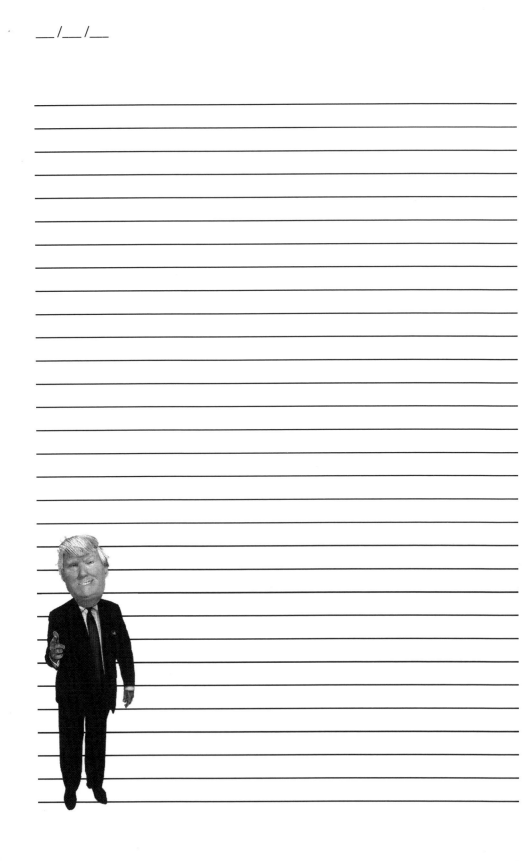

___ / ___ / ___

___ / ___ / ___

___/___/___

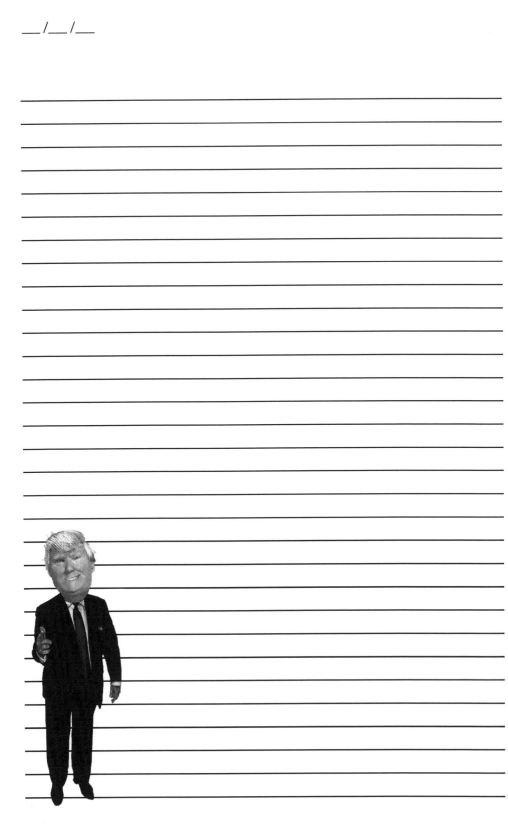

___ /___ /___

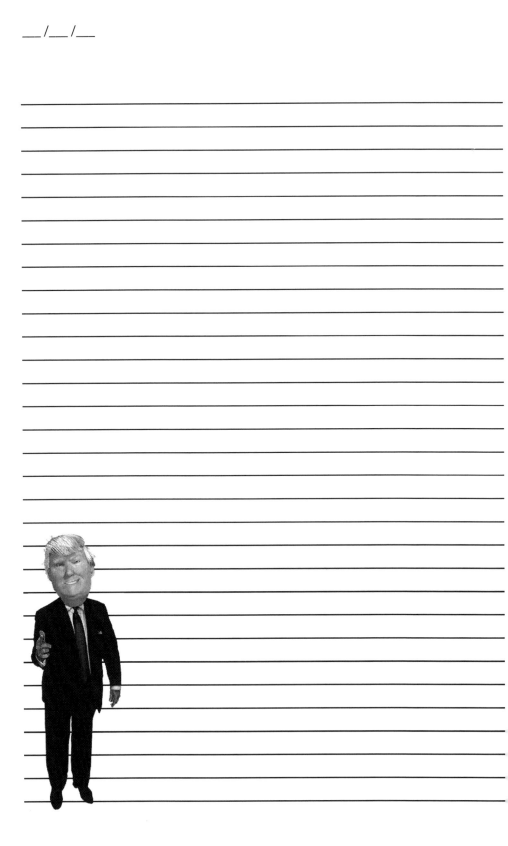

__ / __ / __

___ / ___ / ___

___ / ___ / ___

___ / ___ / ___

___ / ___ / ___

__ / __ / __

___ / ___ / ___

___ /___ /___

___ / ___ / ___

___ / ___ / ___

___ / ___ / ___

__ / __ / __

___ / ___ / ___

___ / ___ / ___

___/___/___

__ / __ / __

__ / __ / __

___ / ___ / ___

__ / __ / __

__ / __ / __

___ / ___ / ___

___ / ___ / ___

___ / ___ / ___

__ / __ / __

__ / __ / __

__ / __ / __

___ / ___ / ___

___ /___ /___

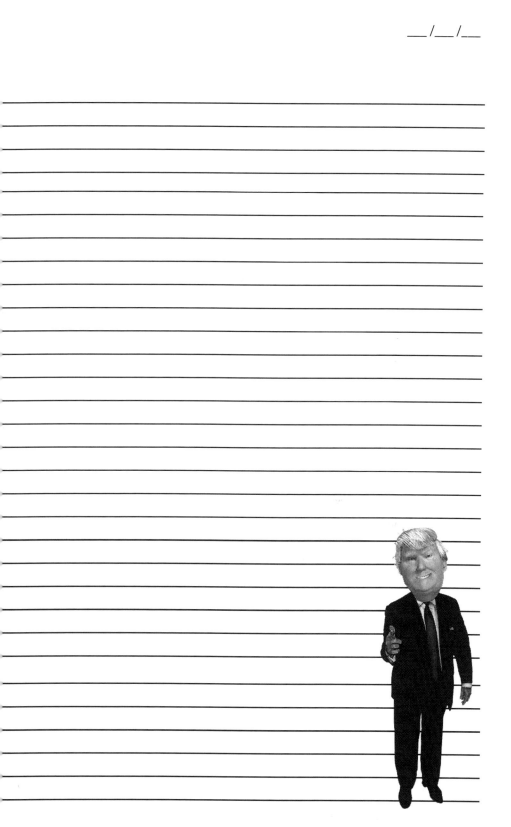

__ / __ / __

___ / ___ / ___

___ / ___ / ___

___ / ___ / ___

___ / ___ / ___

___ / ___ / ___

___ / ___ / ___

___ /___ /___

Made in the USA
Lexington, KY
06 July 2019